UNTERWASSER

MALEN UND ZEICHNEN MIT

Carll Cneut

BOHEM

Mach uns bunt

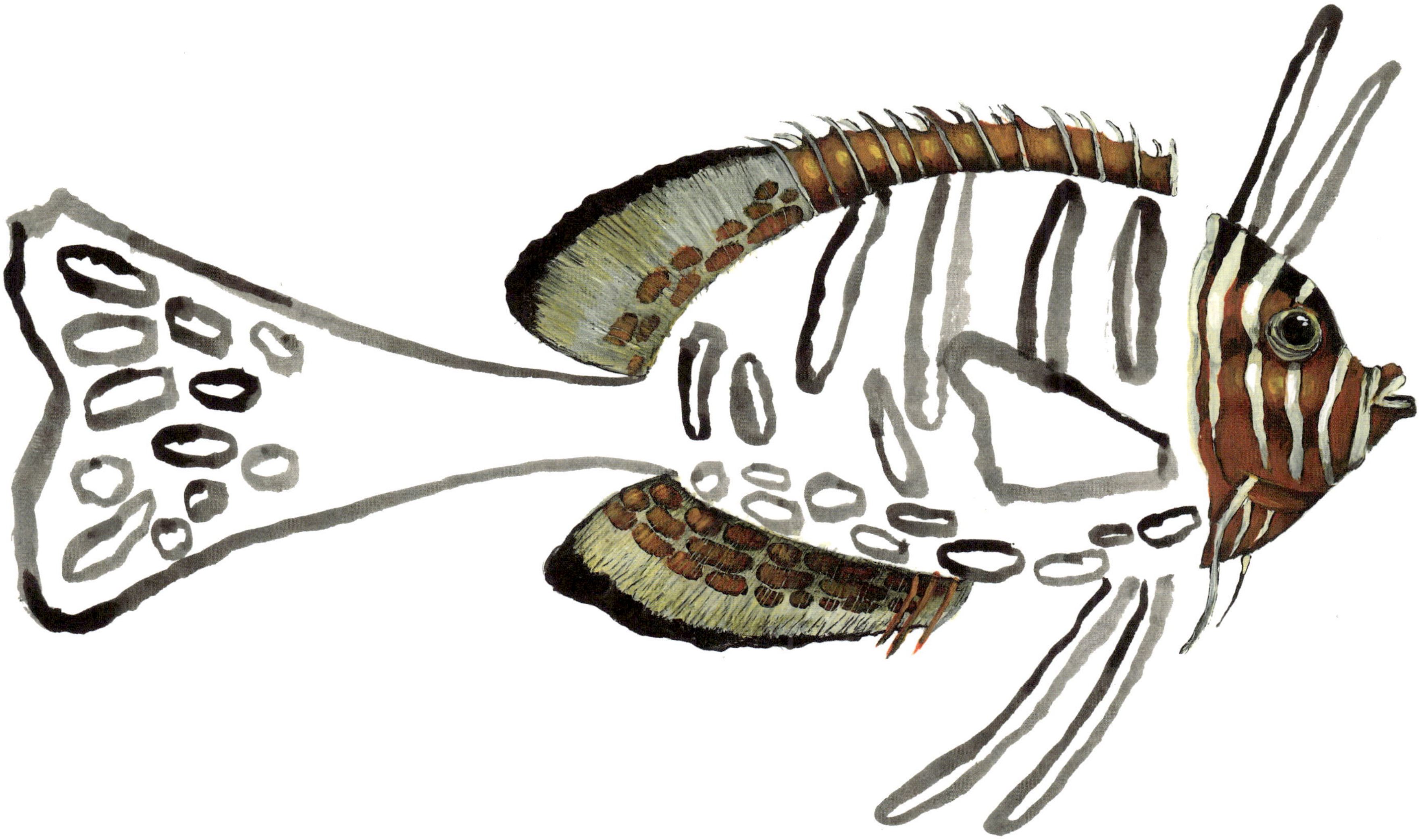

Mach uns noch bunter

Versteck uns

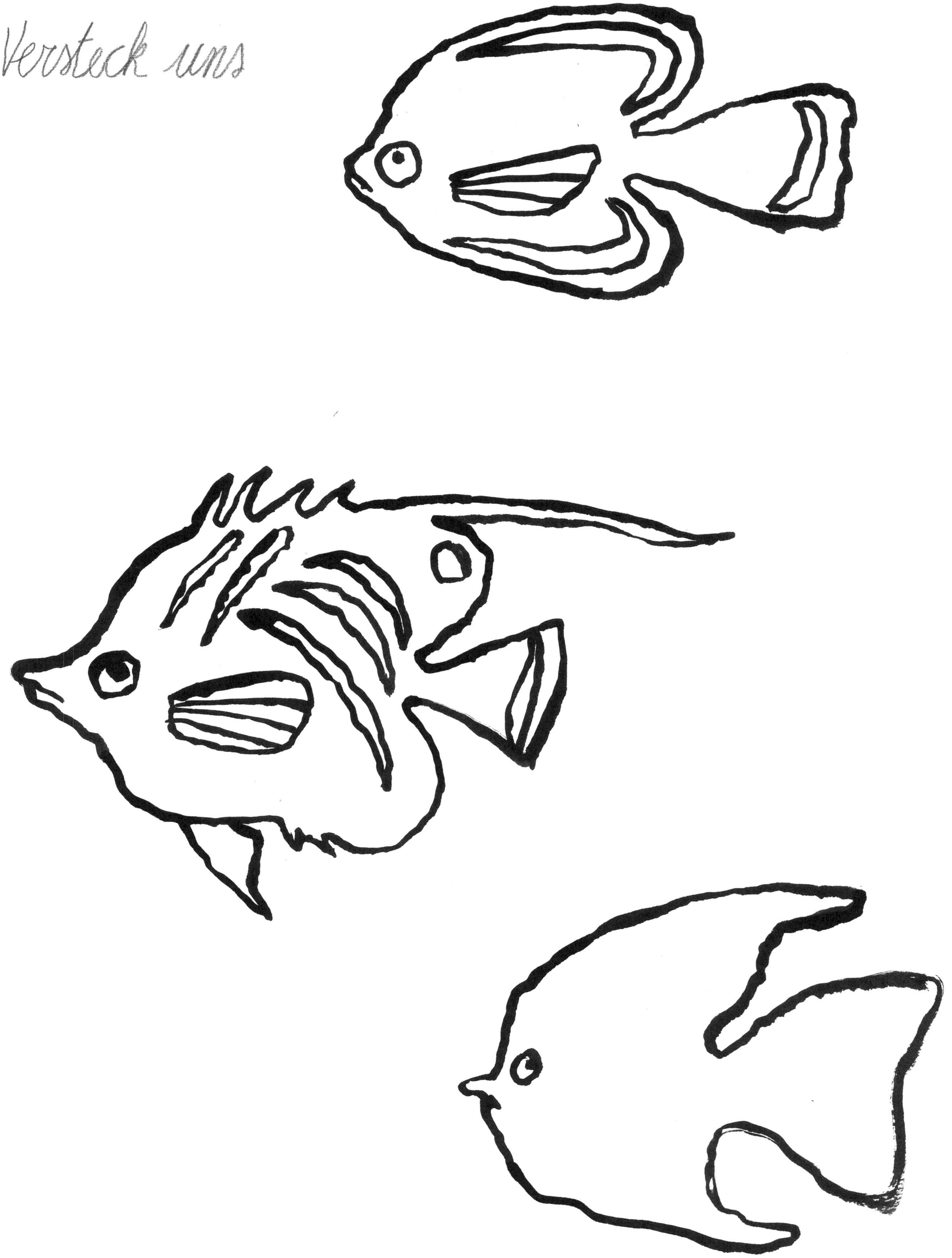

(versteck uns auch)

Zeichne mich nach

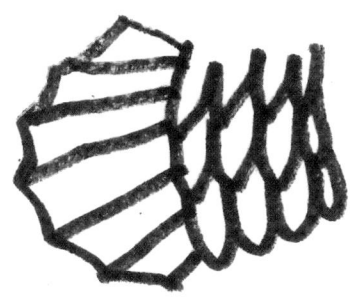

Bin ich ein Seeungeheuer?

Ich hab noch mehr Freunde

Mal mich an

Wo schwimmen wir?

Mal uns fertig

Mal uns noch weiter

Mal noch ein bisschen weiter

Mal immer weiter

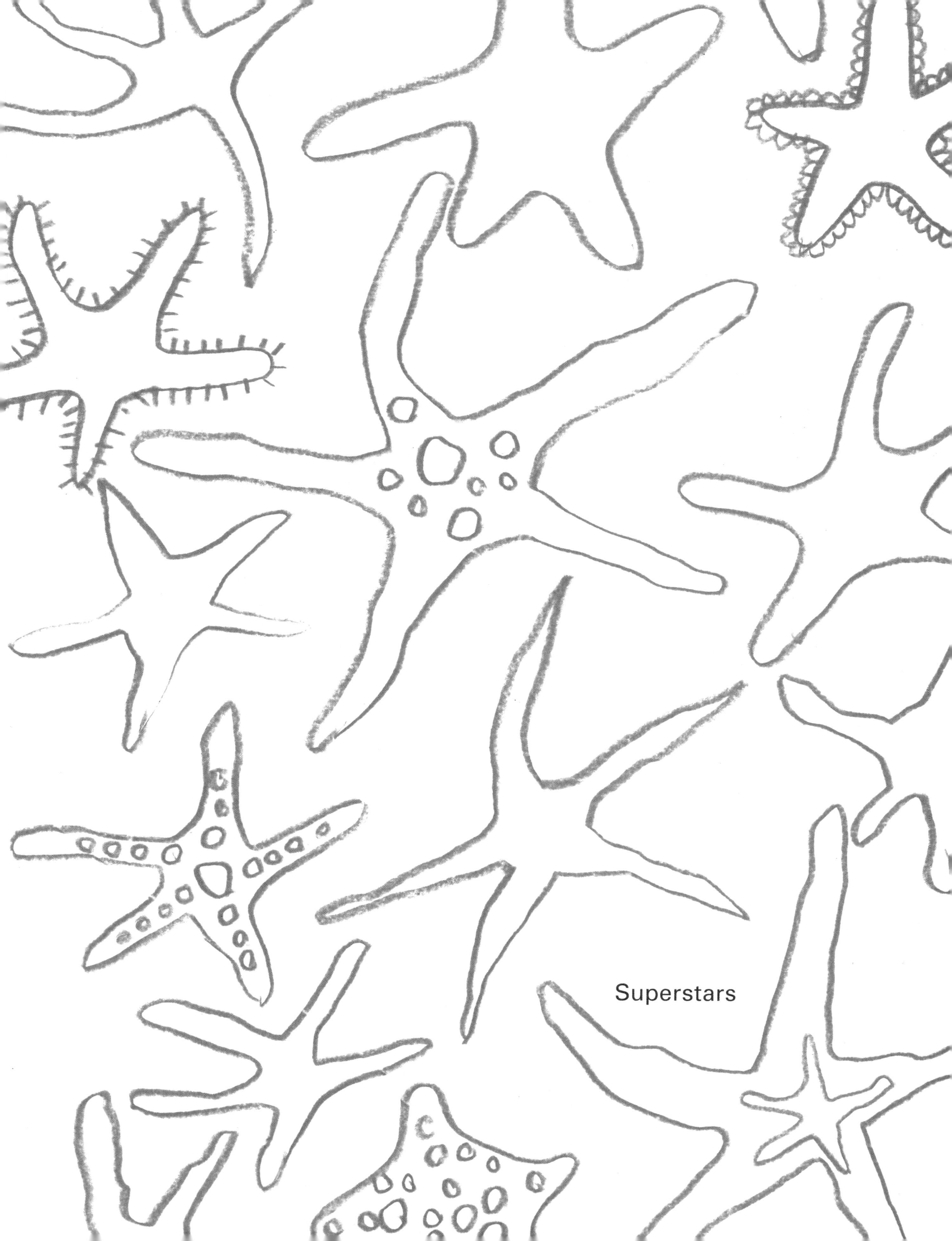
Superstars

mehr Superstars

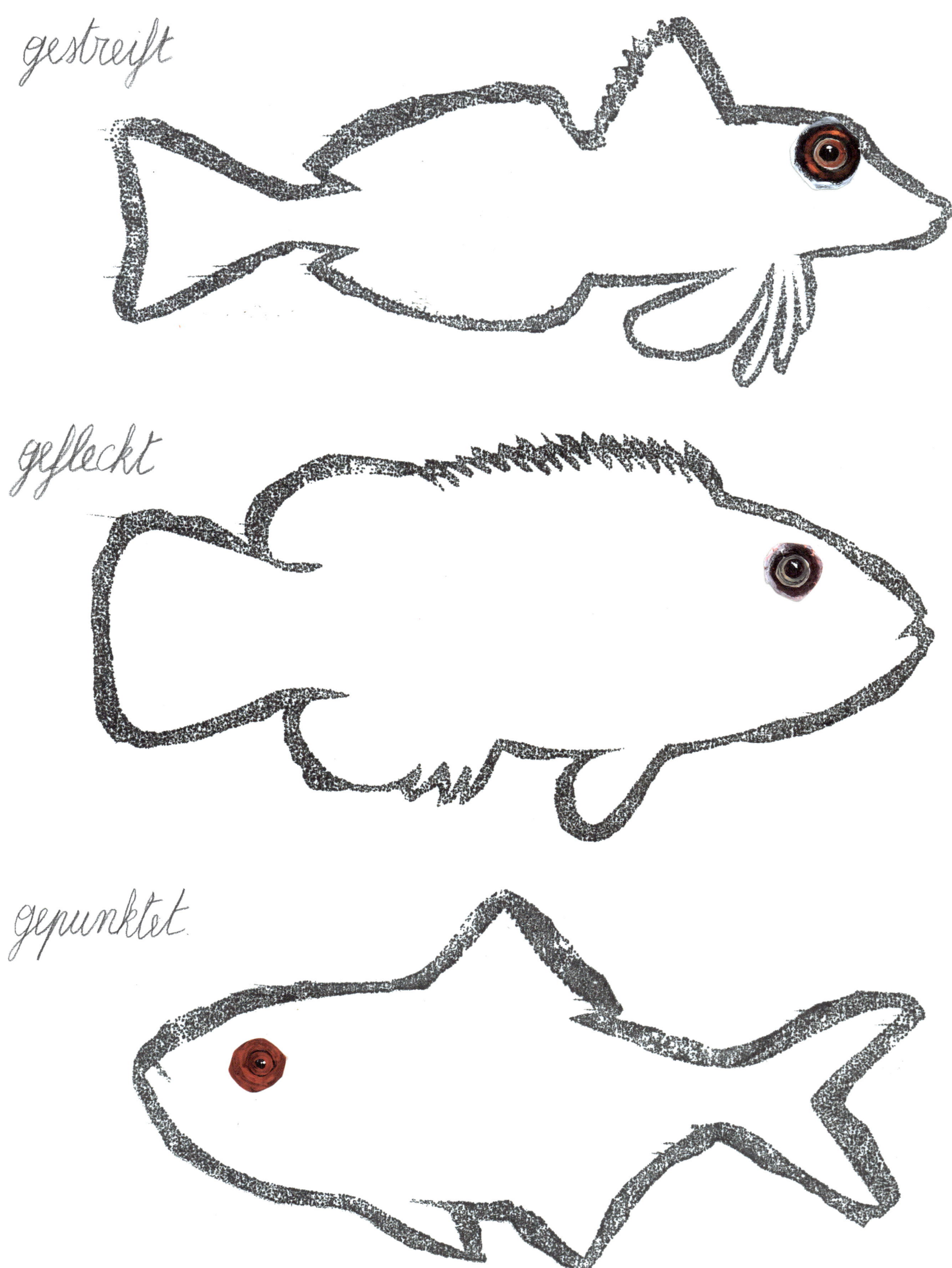

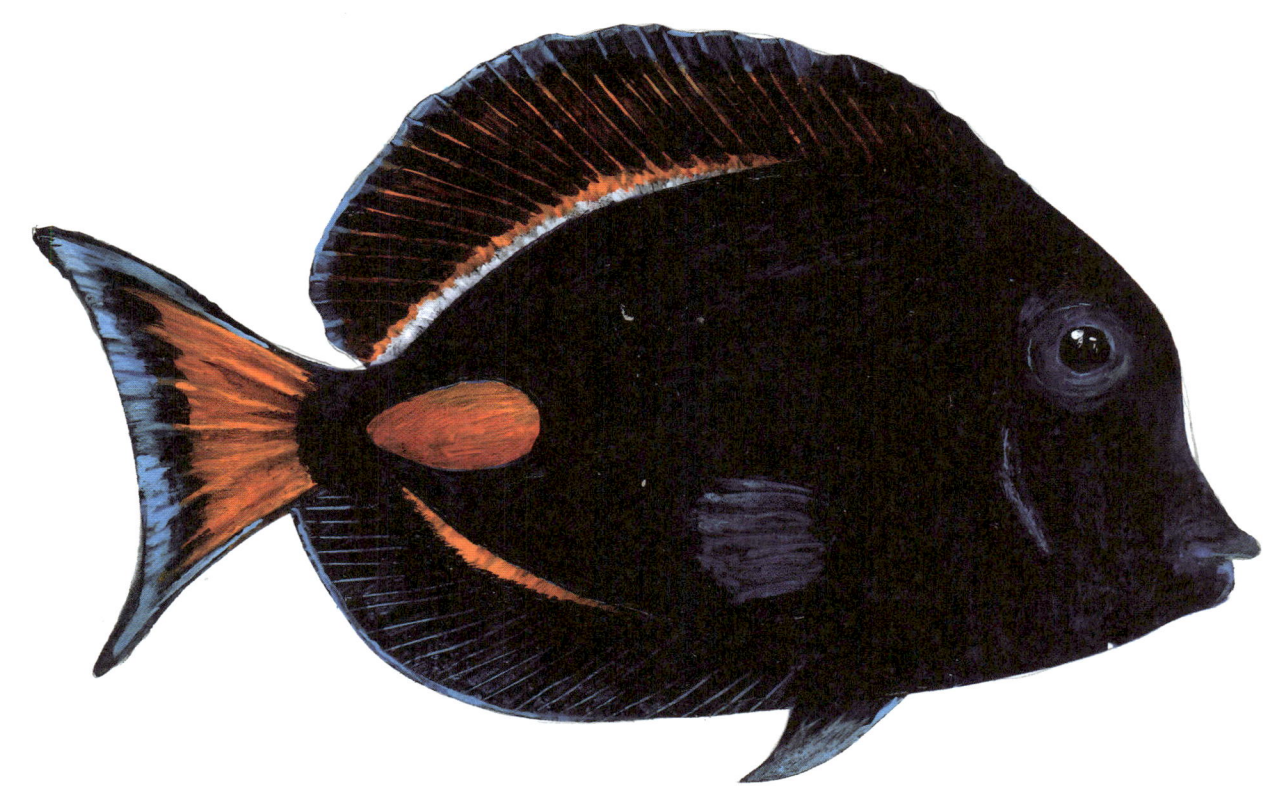

Wo wohn ich?

Wer wohnt hier?

lieb — sauer

ruhig — erstaunt

brav — müde

Meeresschildkröte

Einsiedlerkrebs (glaub ich)

Salzwasserkrokodil

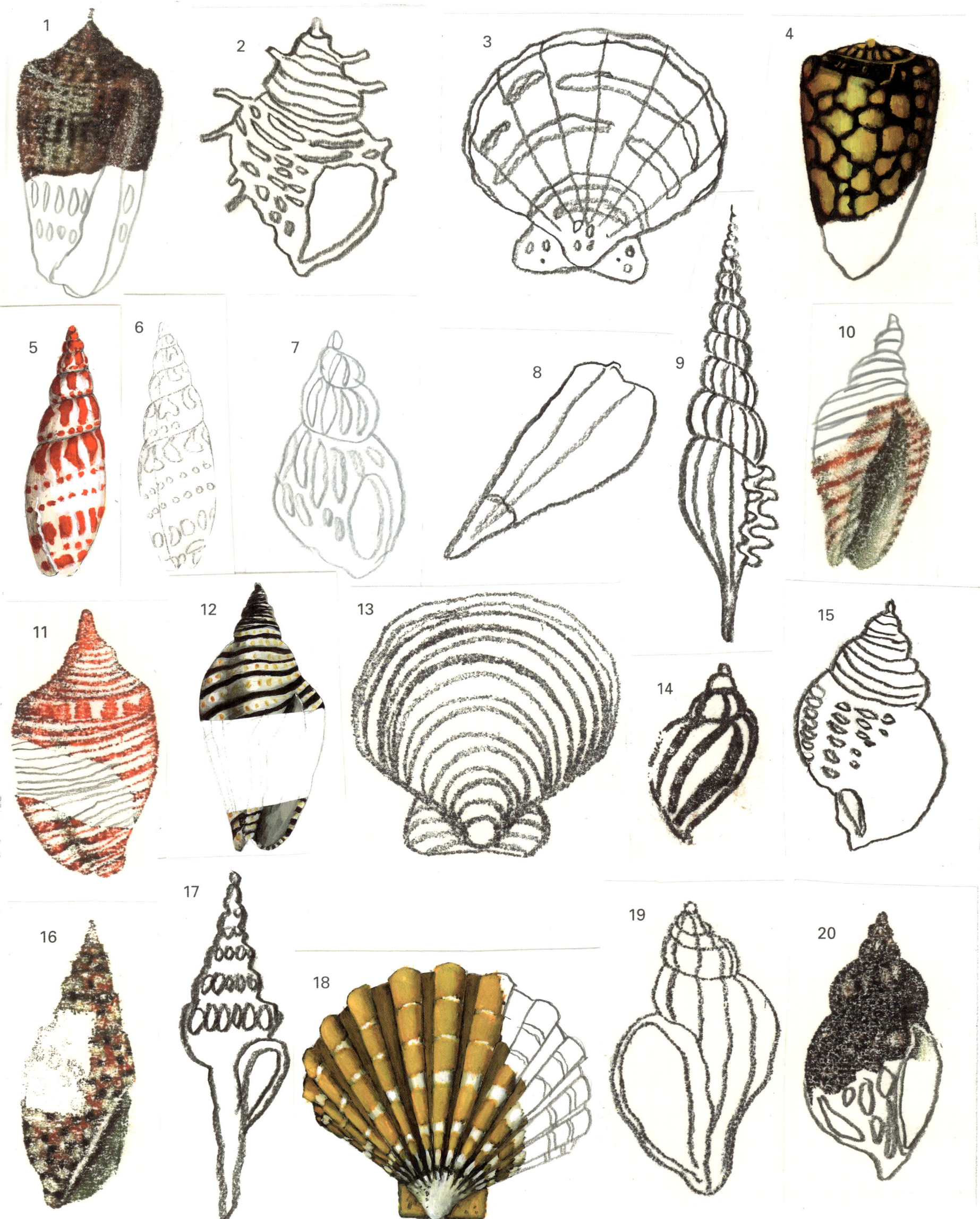

Zeichne einen Schwarm

mehr Unterwasserpflanzen

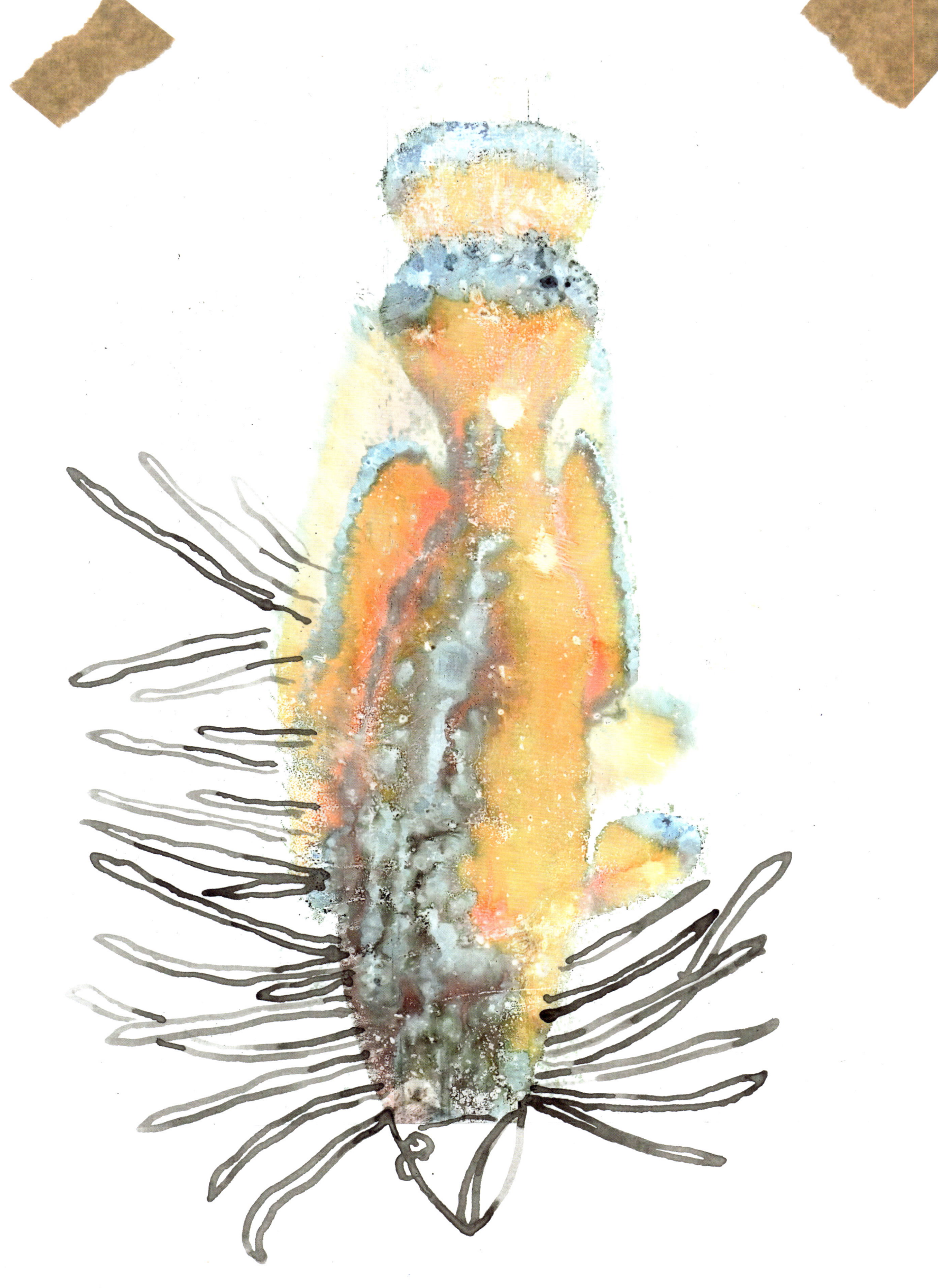

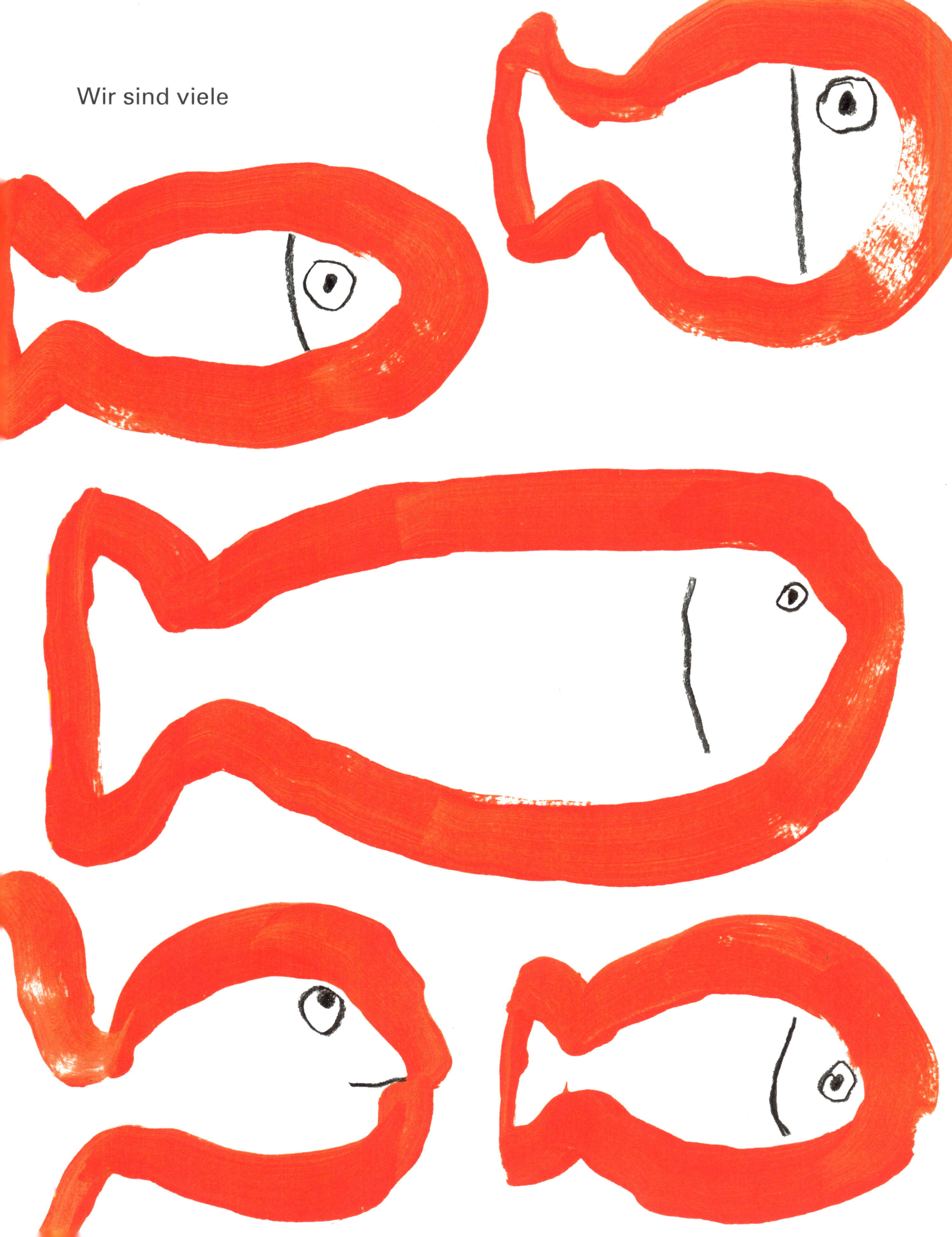

Wir sind viele

ganz viele

Fischbausatz

Zeichne einen Riesenwels (Arius thalassimus)

Zeichne einen Spitzkopf-siebenkiemerhai (Heptranchias perlo)

Zeichne einen fliegenden Fisch (Exocoetus volitans)

Zeichne eine sprattus sprattus (Sprotte)

Zeichne einen Humuhumunukunukuāpua'a

Zeichne einen tinca tinca (Schlei)

rot — gelb

weiß — blau

grün — orange

lila — rosa

blau lila grün rot gelb rosa
weiß orange ocker fuchsia
hellrot apfelgrün dunkelschwarz

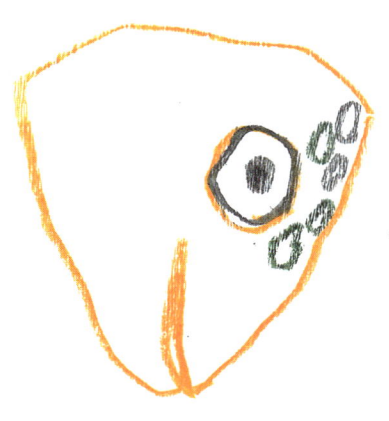

Zeichne weiter weiter weiter ...

Ach ne.   Oje!

Ei.   Owei!

Ei.   Eieiei!

Nicht wirklich.   Niemals!

Mach uns fröhlich

ILLUSTRATION & TEXT
Carll Cneut

DIE ORIGINALAUSGABE
„Onderwater"
erschien © 2021 bei
Uitgeverij De Eenhoorn bv,
Vlasstraat 17, B-8710 Wielsbeke
www.eenhoorn.be

DRUCK
Gedruckt in der Europäischen Union

UNTERWASSER
1. Auflage 2021
ISBN 978-3-95939-073-0
Bohem Press GmbH,
Berhard-Ernst-Straße 12, 48155 Münster
www.bohem-verlag.de

Alle Rechte vorbehalten, auch auszugsweise

Ein weiteres Malbuch von Carll Cneut:
KOMISCHE VÖGEL
ISBN 978-3-95939-021-7